ATENÇÃO!

ESTE DIÁRIO PERTENCE A:

_____

_____

SE ENCONTRAR ESTE DIÁRIO, POR FAVOR,
DEVOLVA-O PARA MIM!

A Escola de Magia e Bruxaria de Hogwarts
é dividida em quatro Casas:

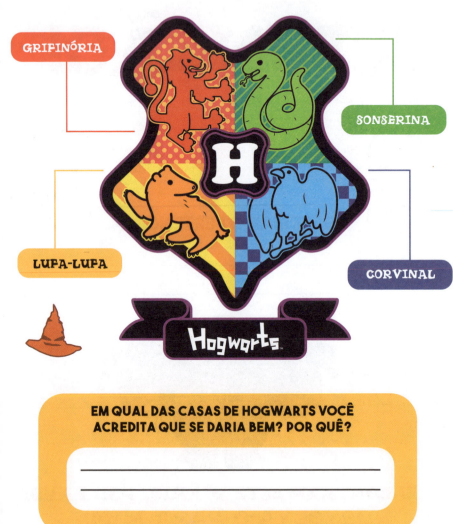

GRIFINÓRIA

SONSERINA

LUPA-LUPA

CORVINAL

Hogwarts™

EM QUAL DAS CASAS DE HOGWARTS VOCÊ
ACREDITA QUE SE DARIA BEM? POR QUÊ?

UM POUCO SOBRE MIM

Eu me chamo _____
_____

Mas prefiro que me chamem de _____
_____

Tenho _____ anos

Nasci no dia _____ / _____ / _____

Meu signo é _____
_____

Atualmente, tenho de altura _____

Meu esporte favorito é _____
_____

Meu personagem favorito do mundo bruxo é
_____
_____

Dos livros/filmes de Harry Potter, o meu
favorito é o _____

Tenho o sonho de _____
_____
_____
_____

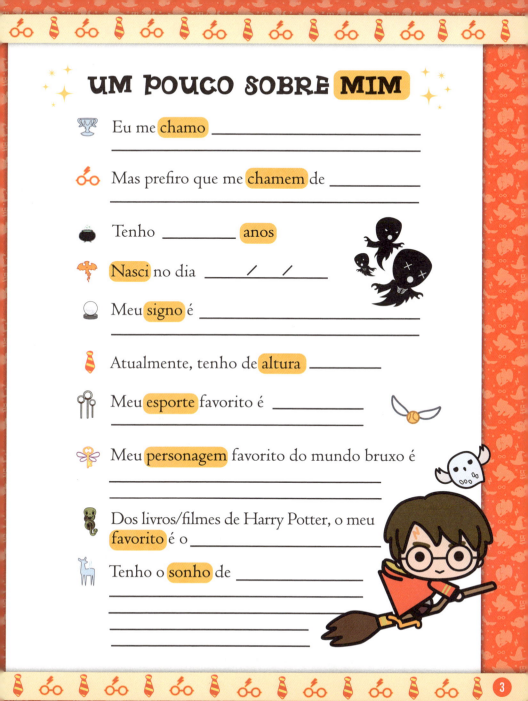

EXPECTO

QUAL DESSAS NÃO É UMA MATÉRIA ENSINADA EM HOGWARTS?

- ○ Feitiços
- ○ Poções
- ○ Quadribol
- ○ Herbologia

PATRONUM

RESPOSTA: QUADRIBOL

QUANTOS JOGADORES TEM UM TIME DE QUADRIBOL?

○ SETE

○ NOVE

○ CINCO

○ QUATORZE

____ / ____ / ____

QUERIDO DIÁRIO, HOJE MEU DIA FOI...

_____

_____

_____

_____

_____

_____

_____

_____

_____

_____

_____

_____

_____

_____

HOJE EU ESTOU...

Feliz Normal Triste De mau humor

QUERIDO DIÁRIO, HOJE MEU DIA FOI...

_____
_____
_____
_____
_____
_____
_____
_____
_____
_____
_____
_____
_____

HOJE EU ESTOU...

Feliz   Normal   Triste   De mau humor

No início do ano letivo, os alunos de Hogwarts podem levar um *pet* para terem companhia durante os estudos.

QUAL ANIMAL VOCÊ LEVARIA?

◯ Coruja   ◯ Gato   ◯ Rato   ◯ Sapo

ESCREVA SOBRE O SEU ANIMAL DE ESTIMAÇÃO, SE JÁ TIVER UM!

_____

_____

foto do meu *pet*

QUERIDO DIÁRIO, HOJE MEU DIA FOI...

_____
_____
_____
_____
_____
_____
_____
_____
_____
_____
_____
_____
_____
_____

HOJE EU ESTOU...

Feliz Normal Triste De mau humor

GRIFINÓRIA

CORAGEM, DETERMINAÇÃO E BRAVURA.

ESCREVA O NOME DE TRÊS ALUNOS DA GRIFINÓRIA DE QUEM VOCÊ GOSTA.

1 _____

2 _____

3 _____

QUERIDO DIÁRIO, HOJE **MEU DIA** FOI...

_____

_____

_____

_____

_____

_____

_____

_____

_____

_____

_____

_____

_____

_____

HOJE EU ESTOU...

Feliz | Normal | Triste | De mau humor

QUERIDO DIÁRIO, HOJE MEU DIA FOI...

_____
_____
_____
_____
_____
_____
_____
_____
_____
_____
_____
_____

HOJE EU ESTOU...

| Feliz | Normal | Triste | De mau humor |

QUERIDO DIÁRIO, HOJE MEU DIA FOI...

_____

_____

_____

_____

_____

_____

_____

_____

_____

_____

_____

_____

HOJE EU ESTOU...

Feliz

Normal

Triste

De mau humor

DE LONDRES PARA HOGWARTS

PLATAFORMA 9 3/4

APENAS IDA

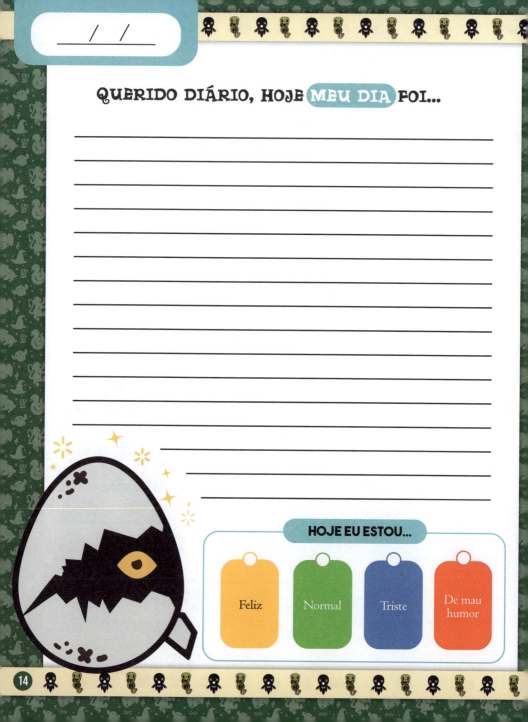

____/____/____

QUERIDO DIÁRIO, HOJE MEU DIA FOI...

_____
_____
_____
_____
_____
_____
_____
_____
_____
_____
_____
_____
_____

HOJE EU ESTOU...

Feliz | Normal | Triste | De mau humor

QUERIDO DIÁRIO, HOJE  FOI...

_____

_____

_____

_____

_____

_____

_____

_____

_____

_____

_____

_____

HOJE EU ESTOU...

Feliz   Normal   Triste   De mau humor

As 10 criaturas magicas que você mais gosta são:

1 _____

2 _____

3 _____

4 _____

5 _____

6 _____

7 _____

8 _____

9 _____

10 _____

QUERIDO DIÁRIO, HOJE MEU DIA FOI...

_____
_____
_____
_____
_____
_____
_____
_____
_____
_____
_____
_____
_____
_____

HOJE EU ESTOU...

| Feliz | Normal | Triste | De mau humor |

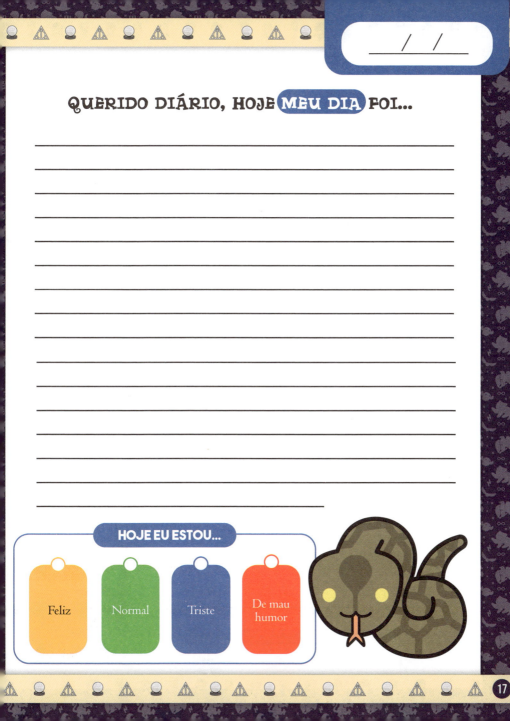

ESCOLHA AQUELE QUE VOCÊ MAIS TEMERIA ENFRENTAR EM UM DUELO. DEPOIS, ESCREVA O PORQUÊ.

○ Bellatrix Lestrange

○ Lúcio Malfoy

○ Draco Malfoy

○ Rabicho

_____
_____
_____

Morsmordre!

AMBIÇÃO, ORGULHO E ASTÚCIA.

SONSERINA™

ESCREVA O NOME DE TRÊS ALUNOS DA SONSERINA DE QUEM VOCÊ GOSTA.

1 _____

2 _____

3 _____

QUERIDO DIÁRIO, HOJE MEU DIA FOI...

_____
_____
_____
_____
_____
_____
_____
_____
_____
_____
_____
_____
_____
_____

WINGARDIUM LEVIOSA

HOJE EU ESTOU...

| Feliz | Normal | Triste | De mau humor |

QUERIDO DIÁRIO, HOJE MEU DIA FOI...

_____
_____
_____
_____
_____
_____
_____
_____
_____
_____
_____
_____
_____
_____

HOJE EU ESTOU...

Feliz | Normal | Triste | De mau humor

____ / ____ / ____

QUERIDO DIÁRIO, HOJE MEU DIA FOI...

_____
_____
_____
_____
_____
_____
_____
_____
_____
_____
_____
_____
_____
_____
_____

HOJE EU ESTOU...

Feliz | Normal | Triste | De mau humor

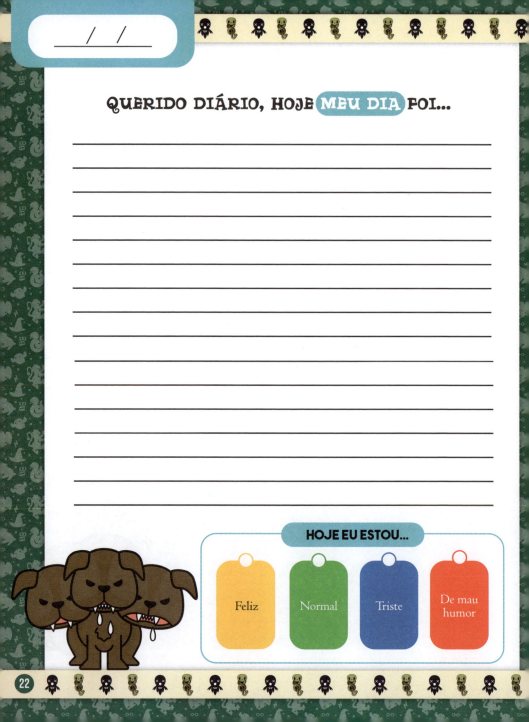

QUERIDO DIÁRIO, HOJE MEU DIA FOI...

_____
_____
_____
_____
_____
_____
_____
_____
_____
_____
_____
_____
_____

HOJE EU ESTOU...

Feliz | Normal | Triste | De mau humor

QUERIDO DIÁRIO, HOJE **MEU DIA** FOI...

_____

_____

_____

_____

_____

_____

_____

_____

_____

_____

_____

_____

A PEDRA FILOSOFAL

HOJE EU ESTOU...

| Feliz | Normal | Triste | De mau humor |

____ / ____ / ____

QUERIDO DIÁRIO, HOJE MEU DIA FOI...

_____
_____
_____
_____
_____
_____
_____
_____
_____
_____
_____
_____
_____
_____

HOJE EU ESTOU...

Feliz   Normal   Triste   De mau humor

A escola é o lugar onde aprendemos muitas coisas.

AGORA, ESCREVA O NOME DE TODAS AS ESCOLAS EM QUE VOCÊ JÁ ESTUDOU.

_____

_____

_____

_____

_____

_____

_____

_____ / / _____

QUERIDO DIÁRIO, HOJE MEU DIA FOI...

_____
_____
_____
_____
_____
_____
_____
_____
_____
_____
_____
_____
_____

HOJE EU ESTOU...

Feliz

Normal

Triste

De mau humor

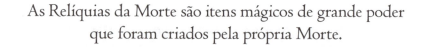

As Relíquias da Morte são itens mágicos de grande poder
que foram criados pela própria Morte.

**EM RELÍQUIAS DA MORTE, PARA ONDE HARRY E HERMIONE
VIAJAM NA VÉSPERA DE NATAL?**

○ TOCA

○ LITTLE WHINGING

○ GODRIC'S HOLLOW

○ LARGO GRIMMAULD

QUERIDO DIÁRIO, HOJE MEU DIA FOI...

_____
_____
_____
_____
_____
_____
_____
_____
_____
_____
_____
_____
_____

HOJE EU ESTOU...

Feliz

Normal

Triste

De mau humor

INTELIGÊNCIA, SABEDORIA E APRENDIZADO

CORVINAL

ESCREVA O NOME DE TRÊS ALUNOS DA CORVINAL DE QUEM VOCÊ GOSTA.

1 _____

2 _____

3 _____

QUERIDO DIÁRIO, HOJE MEU DIA FOI...

_____

_____

_____

_____

_____

_____

_____

_____

_____

_____

_____

_____

_____

HOJE EU ESTOU...

| Feliz | Normal | Triste | De mau humor |

QUERIDO DIÁRIO, HOJE MEU DIA FOI...

_____

_____

_____

_____

_____

_____

_____

_____

_____

_____

_____

_____

_____

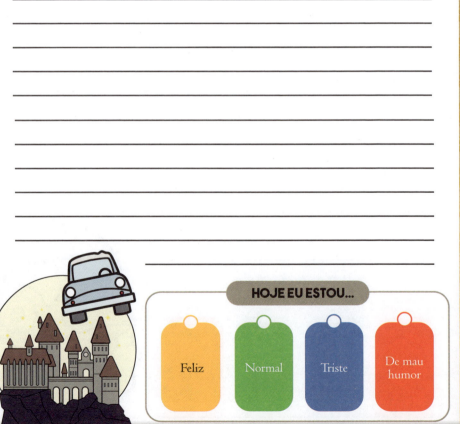

HOJE EU ESTOU...

Feliz | Normal | Triste | De mau humor

QUERIDO DIÁRIO, HOJE **MEU DIA** FOI...

_____
_____
_____
_____
_____
_____
_____
_____
_____
_____
_____
_____
_____
_____

HOJE EU ESTOU...

Feliz | Normal | Triste | De mau humor

QUERIDO DIÁRIO, HOJE MEU DIA FOI...

_____
_____
_____
_____
_____
_____
_____
_____
_____
_____
_____
_____
_____
_____
_____
_____

HOJE EU ESTOU...

Feliz   Normal   Triste   De mau humor

QUERIDO DIÁRIO, HOJE MEU DIA FOI...

_____
_____
_____
_____
_____
_____
_____
_____
_____
_____
_____
_____
_____
_____

HOJE EU ESTOU...

Feliz | Normal | Triste | De mau humor

Harry, Rony e Hermione adoram uma aventura.

ESCREVA, A SEGUIR, 10 COISAS QUE VOCÊ
GOSTA MUITO DE FAZER.

1 _____
2 _____
3 _____
4 _____
5 _____
6 _____
7 _____
8 _____
9 _____
10 _____

Draco Malfoy não gosta de perder nenhum duelo ou competição.

ESCREVA, A SEGUIR, 10 COISAS QUE VOCÊ NÃO GOSTA DE FAZER.

1 _____
2 _____
3 _____
4 _____
5 _____
6 _____
7 _____
8 _____
9 _____
10 _____

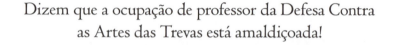

Dizem que a ocupação de professor da Defesa Contra
as Artes das Trevas está amaldiçoada!

O QUE O PROFESSOR LUPIN FAZ HARRY COMER DEPOIS DO ATAQUE DOS DEMENTADORES NO EXPRESSO DE HOGWARTS?

○ CHOCOLATE

○ BOLO DE CALDEIRÃO

○ TORTINHAS DE ABÓBORA

○ FEIJÃOZINHOS DE TODOS OS SABORES

DEDICAÇÃO, PACIÊNCIA E LEALDADE.

LUFA-LUFA™

ESCREVA O NOME DE TRÊS ALUNOS DA
LUFA–LUFA DE QUEM VOCÊ GOSTA.

1 _____

2 _____

3 _____

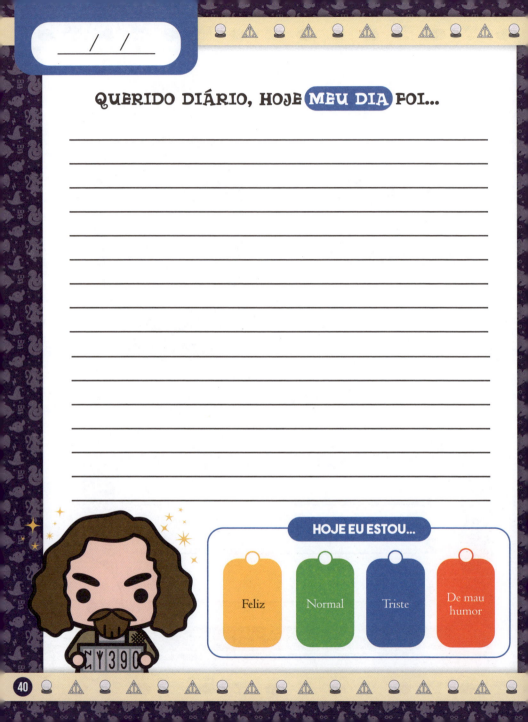

QUERIDO DIÁRIO, HOJE MEU DIA FOI...

_____
_____
_____
_____
_____
_____
_____
_____
_____
_____
_____
_____
_____
_____

HOJE EU ESTOU...

Feliz   Normal   Triste   De mau humor

_____ / _____ / _____

QUERIDO DIÁRIO, HOJE MEU DIA FOI...

_____
_____
_____
_____
_____
_____
_____
_____
_____
_____
_____
_____

HOJE EU ESTOU...

Feliz | Normal | Triste | De mau humor

QUERIDO DIÁRIO, HOJE MEU DIA FOI...

_____
_____
_____
_____
_____
_____
_____
_____
_____
_____
_____
_____
_____
_____

MONSTROS

HOJE EU ESTOU...

Feliz | Normal | Triste | De mau humor

QUERIDO DIÁRIO, HOJE MEU DIA FOI...

_____

_____

_____

_____

_____

_____

_____

_____

_____

_____

_____

_____

_____

HOJE EU ESTOU...

Feliz · Normal · Triste · De mau humor

_____/___/_____

QUERIDO DIÁRIO, HOJE **MEU DIA** FOI...

_____
_____
_____
_____
_____
_____
_____
_____
_____
_____
_____
_____
_____
_____

HOJE EU ESTOU...

Feliz | Normal | Triste | De mau humor

_____ / / _____

QUERIDO DIÁRIO, HOJE MEU DIA FOI...

_____
_____
_____
_____
_____
_____
_____
_____
_____
_____
_____
_____
_____
_____

HOJE EU ESTOU...

Feliz   Normal   Triste   De mau humor

Quem quiser tirar uma boa nota nos NOMs (Níveis Ordinários de Magia) em Hogwarts, precisa dedicar tempo para estudar.

FAÇA UMA LISTA DAS COISAS QUE VOCÊ MAIS GOSTA EM SUA ESCOLA.

_____
_____
_____
_____
_____
_____
_____
_____
_____
_____
_____
_____
_____

QUAL É A SUA MATÉRIA FAVORITA DA ESCOLA? ESCREVA O QUE VOCÊ ACHA MAIS INTERESSANTE NESSA DISCIPLINA.

Alguns professores se tornam inesquecíveis na nossa vida.
Em Hogwarts, não é diferente!

COM QUAL DELES VOCÊ GOSTARIA DE APRENDER SOBRE MAGIA? E NA SUA ESCOLA, QUEM VAI FICAR NA SUA MEMÓRIA PARA SEMPRE?

○ Prof. Lupin   ○ Prof. Hagrid   ○ Profa. Trelawney

○ Profa. Sprout   ○ Profa. McGonagall   ○ Prof. Snape

Pense nos seus professores inesquecíveis do
passado e do presente...

ESCREVA OS NOMES DELES E O QUE OS FAZ SER TÃO ESPECIAIS.

VOCÊ JÁ FOI A ALGUM BAILE OU FESTA? ESCREVA COMO FOI!

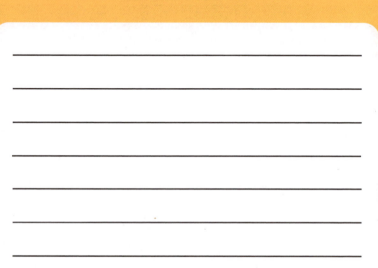

_____

_____

_____

_____

_____

_____

_____

QUERIDO DIÁRIO, HOJE MEU DIA FOI...

_____

_____

_____

_____

_____

_____

_____

_____

_____

_____

_____

_____

HOJE EU ESTOU...

Feliz   Normal   Triste   De mau humor

QUERIDO DIÁRIO, HOJE **MEU DIA** FOI...

_____
_____
_____
_____
_____
_____
_____
_____
_____
_____
_____
_____
_____

HOJE EU ESTOU...

Feliz | Normal | Triste | De mau humor

_____ / _____ / _____

QUERIDO DIÁRIO, HOJE **MEU DIA** FOI...

_____
_____
_____
_____
_____
_____
_____
_____
_____
_____
_____
_____

HOJE EU ESTOU...

| Feliz | Normal | Triste | De mau humor |

QUERIDO DIÁRIO, HOJE MEU DIA FOI...

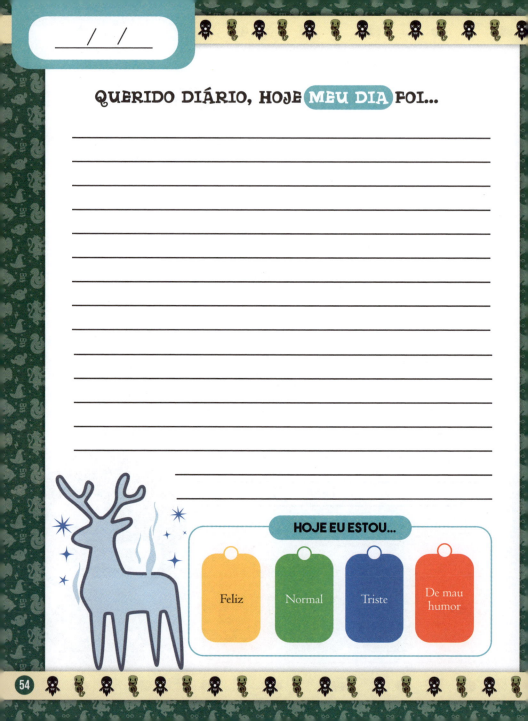

HOJE EU ESTOU...

Feliz Normal Triste De mau humor

QUERIDO DIÁRIO, HOJE MEU DIA FOI...

_____
_____
_____
_____
_____
_____
_____
_____
_____
_____
_____
_____

HOJE EU ESTOU...

| Feliz | Normal | Triste | De mau humor |

LISTE, A SEGUIR, OS LUGARES QUE VOCÊ SONHA EM CONHECER.

1 _____

2 _____

3 _____

4 _____

5 _____

6 _____

7 _____

8 _____

9 _____

10 _____

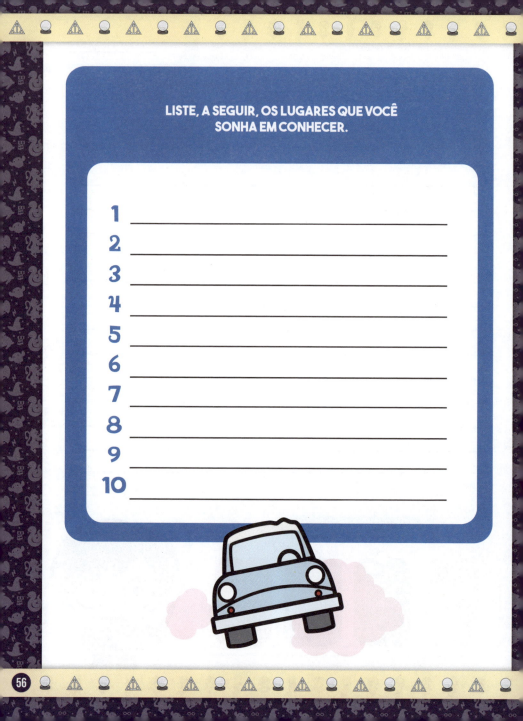

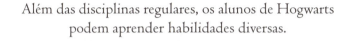

Além das disciplinas regulares, os alunos de Hogwarts podem aprender habilidades diversas.

QUAL A MARCA E MODELO DA PRIMEIRA VASSOURA DE HARRY?

○ FLECHA DE PRATA

○ NIMBUS 2000

○ COMET 260

○ FIREBOLT

_____

_____

_____

_____

_____

_____

ESCREVA, A SEGUIR, O QUE VOCÊ GOSTARIA QUE FOSSE CAPAZ DE SE REGENERAR E RENASCER FEITO UMA FÊNIX.

_____

_____

_____

_____

_____

_____

_____

_____

_____

_____

_____

_____

_____

_____

_____

_____

ESCREVA, A SEGUIR, QUAIS SÃO OS SEUS DEFEITOS E O QUE VOCÊ PODE FAZER PARA MELHORAR.

_____

_____

_____

_____

_____

_____

_____

_____

_____

_____

_____

_____

_____

_____

QUERIDO DIÁRIO, HOJE **MEU DIA** FOI...

_____

_____

_____

_____

_____

_____

_____

_____

_____

_____

_____

_____

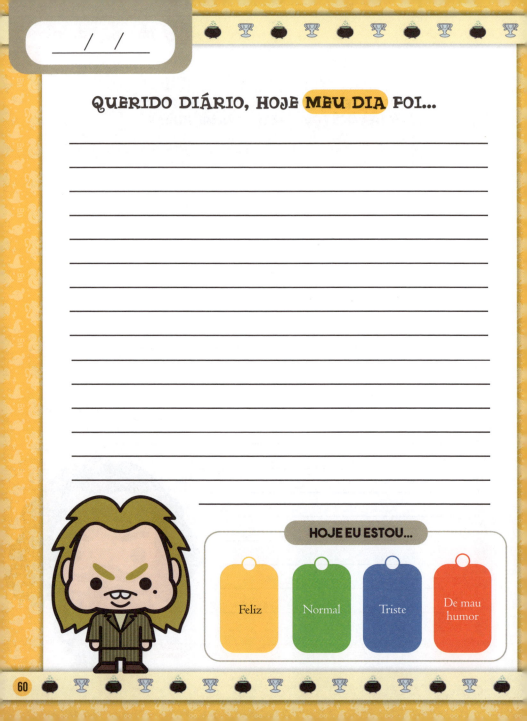

HOJE EU ESTOU...

Feliz

Normal

Triste

De mau humor

QUERIDO DIÁRIO, HOJE **MEU DIA** FOI...

_____
_____
_____
_____
_____
_____
_____
_____
_____
_____
_____
_____
_____

HOJE EU ESTOU...

| Feliz | Normal | Triste | De mau humor |

QUERIDO DIÁRIO, HOJE MEU DIA FOI...

HOJE EU ESTOU...

Feliz | Normal | Triste | De mau humor

QUERIDO DIÁRIO, HOJE MEU DIA FOI...

_____

_____

_____

_____

_____

_____

_____

_____

_____

_____

_____

_____

_____

HOJE EU ESTOU...

Feliz | Normal | Triste | De mau humor

_____ / _____ / _____

QUERIDO DIÁRIO, HOJE **MEU DIA** FOI...

_____

_____

_____

_____

_____

_____

_____

_____

_____

_____

_____

_____

_____

HOJE EU ESTOU...

Feliz

Normal

Triste

De mau humor

QUERIDO DIÁRIO, HOJE MEU DIA FOI...

_____
_____
_____
_____
_____
_____
_____
_____
_____
_____
_____
_____
_____

HOJE EU ESTOU...

Feliz | Normal | Triste | De mau humor

O Quadribol é um esporte aéreo bruxo disputado por dois times de sete jogadores montados em vassouras.

EM QUE POSIÇÃO VOCÊ ACREDITA QUE SE DARIA BEM?

O **ARTILHEIRO**   O **BATEDOR**

O **GOLEIRO**   O **APANHADOR**

AGORA, ESCREVA OS 5 ESPORTES DE QUE VOCÊ MAIS GOSTA.

1 _____
2 _____
3 _____
4 _____
5 _____

Hermione é uma leitora ávida. Ela está sempre lendo alguma coisa e poderia passar vários dias dentro de uma biblioteca...

ESCREVA, A SEGUIR, QUAIS SÃO OS SEUS LIVROS FAVORITOS.

1 _____

2 _____

3 _____

4 _____

5 _____

6 _____

7 _____

8 _____

9 _____

10 _____

A nossa família e os amigos de verdade nos ajudam
a nos tornarmos pessoas melhores.

**USE O ESPAÇO ABAIXO PARA COLAR UMA FOTO
COM AS PESSOAS QUE VOCÊ AMA:**

"SEMPRE!"

Rony Weasley é extremamente engraçado.
Ele costuma ver o lado bom das coisas.

LISTE, A SEGUIR, OS PERFIS, SITES OU CANAIS EM QUE VOCÊ COSTUMA SE DIVERTIR NA INTERNET.

QUERIDO DIÁRIO, HOJE MEU DIA FOI...

_____

_____

_____

_____

_____

_____

_____

_____

_____

_____

_____

_____

_____

_____

_____

HOJE EU ESTOU...

Feliz

Normal

Triste

De mau humor

QUERIDO DIÁRIO, HOJE  FOI...

_____
_____
_____
_____
_____
_____
_____
_____
_____
_____
_____
_____
_____

HOJE EU ESTOU...

 Feliz

 Normal

 Triste

 De mau humor

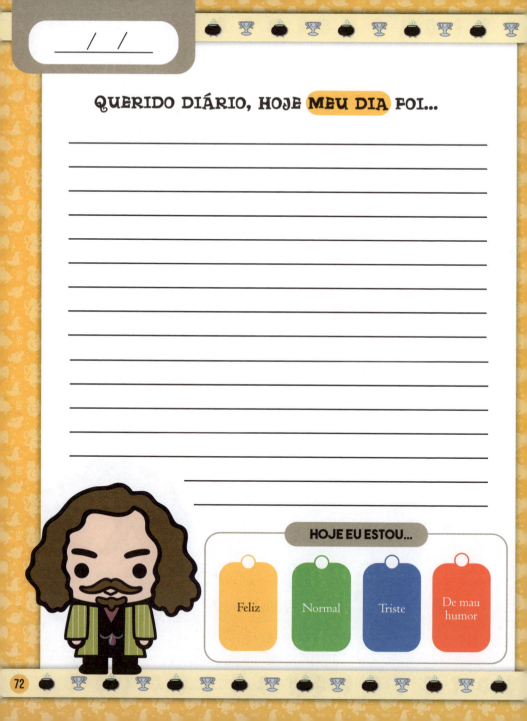

_____ / _____ / _____

QUERIDO DIÁRIO, HOJE **MEU DIA** FOI...

_____

_____

_____

_____

_____

_____

_____

_____

_____

_____

_____

_____

HOJE EU ESTOU...

Feliz

Normal

Triste

De mau humor

_____ / _____ / _____

QUERIDO DIÁRIO, HOJE MEU DIA FOI...

_____

_____

_____

_____

_____

_____

_____

_____

_____

_____

_____

_____

HOJE EU ESTOU...

Feliz   Normal   Triste   De mau humor

QUERIDO DIÁRIO, HOJE **MEU DIA** FOI...

_____
_____
_____
_____
_____
_____
_____
_____
_____
_____
_____
_____
_____
_____

HOJE EU ESTOU...

Feliz   Normal   Triste   De mau humor

QUERIDO DIÁRIO, HOJE MEU DIA FOI...

_____

_____

_____

_____

_____

_____

_____

_____

_____

_____

_____

_____

_____

HOJE EU ESTOU...

 Feliz

 Normal

 Triste

 De mau humor

ESCREVA, A SEGUIR, QUAIS SÃO AS SUAS 10 MÚSICAS FAVORITAS!

1 _____

2 _____

3 _____

4 _____

5 _____

6 _____

7 _____

8 _____

9 _____

10 _____

VERITASERUM

LISTE OS SEUS MAIORES SEGREDOS!

Há sempre o trecho de uma música, uma mensagem de alguém especial ou mesmo um poema de que você gosta.

ESCREVA, A SEGUIR, ESSES PEQUENOS TRECHOS, PARA SE LEMBRAR DE COISAS BOAS QUANDO PRECISAR.

_____

_____

_____

_____

_____

_____

_____

_____

_____

_____

_____

_____

Cada um de nós tem características e habilidades
principais que nos fazem únicos.

ESCREVA, A SEGUIR, QUAIS SÃO AS SUAS PRINCIPAIS CARACTERÍSTICAS E HABILIDADES.

_____ / / _____

QUERIDO DIÁRIO, HOJE MEU DIA FOI...

_____
_____
_____
_____
_____
_____
_____
_____
_____
_____
_____
_____
_____
_____

HOJE EU ESTOU...

Feliz   Normal   Triste   De mau humor

QUERIDO DIÁRIO, HOJE MEU DIA FOI...

_____
_____
_____
_____
_____
_____
_____
_____
_____
_____
_____
_____
_____
_____

HOJE EU ESTOU...

| Feliz | Normal | Triste | De mau humor |

QUERIDO DIÁRIO, HOJE **MEU DIA** FOI...

_____

_____

_____

_____

_____

_____

_____

_____

_____

_____

_____

_____

_____

_____

_____

_____

HOJE EU ESTOU...

Feliz	Normal	Triste	De mau humor

QUERIDO DIÁRIO, HOJE MEU DIA FOI...

_____
_____
_____
_____
_____
_____
_____
_____
_____
_____
_____
_____
_____
_____

HOJE EU ESTOU...

Feliz Normal Triste De mau humor

QUERIDO DIÁRIO, HOJE **MEU DIA** FOI...

_____
_____
_____
_____
_____
_____
_____
_____
_____
_____
_____
_____
_____
_____

HOJE EU ESTOU...

| Feliz | Normal | Triste | De mau humor |

QUERIDO DIÁRIO, HOJE **MEU DIA** FOI...

_____

_____

_____

_____

_____

_____

_____

_____

_____

_____

_____

_____

_____

HOJE EU ESTOU...

 Feliz

 Normal

 Triste

 De mau humor

A SAGA DE HARRY POTTER CONTÉM OITO FILMES:

1. HARRY POTTER E A PEDRA FILOSOFAL;
2. HARRY POTTER E A CÂMARA SECRETA;
3. HARRY POTTER E O PRISIONEIRO DE AZKABAN;
4. HARRY POTTER E O CÁLICE DE FOGO;
5. HARRY POTTER E A ORDEM DA FÊNIX;
6. HARRY POTTER E O PRÍNCIPE MESTIÇO;
7. HARRY POTTER E AS RELÍQUIAS DA MORTE - PARTE 1;
8. HARRY POTTER E AS RELÍQUIAS DA MORTE - PARTE 2.

ORDENE OS FILMES DE ACORDO COM A SUA PREFERÊNCIA, OU SEJA, COMEÇANDO PELO QUE VOCÊ MAIS GOSTA.

1 _____

2 _____

3 _____

4 _____

5 _____

6 _____

7 _____

8 _____

Em Hogwarts, os alunos aprendem
também o valor das boas amizades.

ESCREVA, A SEGUIR, O NOME DOS SEUS MELHORES AMIGOS.

_____

_____

_____

_____

_____

_____

_____

_____

_____

LISTE, A SEGUIR, OS SEUS DESEJOS MAIS PROFUNDOS PARA O FUTURO!

QUERIDO DIÁRIO, HOJE MEU DIA FOI...

_____

_____

_____

_____

_____

_____

_____

_____

_____

_____

_____

HOJE EU ESTOU...

Feliz

Normal

Triste

De mau humor

QUERIDO DIÁRIO, HOJE MEU DIA FOI...

_____
_____
_____
_____
_____
_____
_____
_____
_____
_____
_____
_____
_____
_____

HOJE EU ESTOU...

| Feliz | Normal | Triste | De mau humor |

QUERIDO DIÁRIO, HOJE MEU DIA FOI...

_____

_____

_____

_____

_____

_____

_____

_____

_____

_____

_____

_____

_____

HOJE EU ESTOU...

| Feliz | Normal | Triste | De mau humor |

QUERIDO DIÁRIO, HOJE MEU DIA FOI...

_____
_____
_____
_____
_____
_____
_____
_____
_____
_____
_____
_____

HOJE EU ESTOU...

Feliz

Normal

Triste

De mau humor

QUERIDO DIÁRIO, HOJE **MEU DIA** FOI...

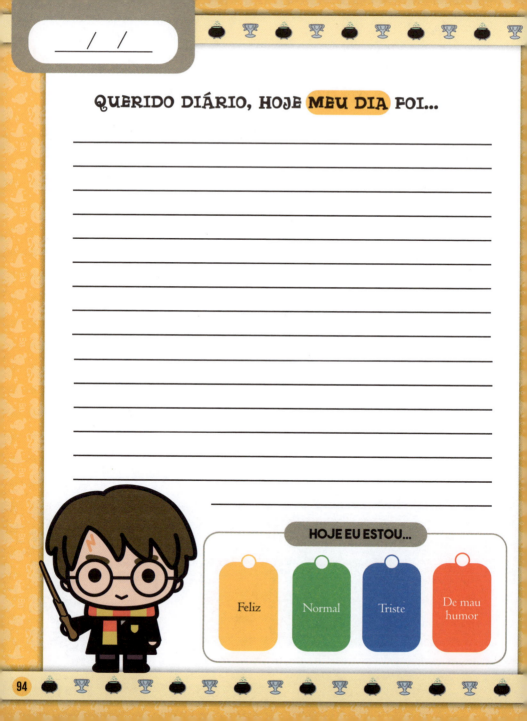

HOJE EU ESTOU...

Feliz Normal Triste De mau humor

PÁGINA DA GRATIDÃO!

O ato de agradecer por todas as coisas boas que acontecem é completamente mágico, sabia?

ESCREVA, A SEGUIR, 10 MOTIVOS QUE VOCÊ TEM PARA SENTIR GRATIDÃO.

1 _____
2 _____
3 _____
4 _____
5 _____
6 _____
7 _____
8 _____
9 _____
10 _____

QUERIDO DIÁRIO,

AGRADEÇO POR TER GUARDADO OS
MEUS SEGREDOS MAIS SECRETOS.
FOI BEM DIVERTIDO!

ASSINADO: